中华中医昆仑

尚志钧学术评传

张镜源◎主编

中国盲文出版社

图书在版编目（CIP）数据

尚志钧学术评传（大字版）/ 张镜源主编. —北京：中国盲文出版社，2015.12
（中华中医昆仑）
ISBN 978-7-5002-6742-3

Ⅰ.①尚…　Ⅱ.①张…　Ⅲ.①尚志钧—评传
Ⅳ.①K826.2

中国版本图书馆 CIP 数据核字（2015）第 294666 号

尚志钧学术评传

主　　编：张镜源
责任编辑：戴皓宁
出版发行：中国盲文出版社
社　　址：北京市西城区太平街甲 6 号
邮政编码：100050
印　　刷：北京华联印刷有限公司
经　　销：新华书店
开　　本：700×1000　1/16
字　　数：42 千字
印　　张：6.25
版　　次：2015 年 12 月第 1 版　2016 年 3 月第 2 次印刷
书　　号：ISBN 978-7-5002-6742-3/K·370
定　　价：12.00 元
销售服务热线：（010）83190297　83190289　83190292

丛书编委会

前　言

中医药是中华民族的伟大创造，是世界医学宝库中的夺目瑰宝，数千年来为中华民族的繁衍昌盛作出了巨大的不可磨灭的贡献，至今仍是中国医药卫生事业不可分割的重要组成部分，在维护民族体魄康健、促进经济社会发展中发挥着不可替代的作用。

中医药学，是中华传统文化和科技文明的结晶，是勤劳聪慧的中华儿女在几千年生产生活实践中，在与疾病作斗争的过程中，创造的独具特色的医学科学体系。它有着浓郁的民族特色、深厚的文化底蕴和丰富的哲学内涵。经过一代又一代中医药传人、一辈又一辈名医大家的实践探索、薪火传承、总结完善、创新发展，逐步形成了系统的理论体系、独特的诊疗方法、丰富的医学内容、实用的制药技术。具有疗效确切、用药安全、应诊灵活、普适简廉和预防保健作用显著的巨大优势，在世界医学之林独树一帜，为人类的文明进步与医疗保健事业，已经并正在作出积极的贡献。

为了弘扬中华民族传统文化，彰显中医药学家的丰功伟绩，当代中医药发展研究中心与中国文学艺术界联合会、国家中医药管理局新闻办公室、中华中医药学会、中国中医科学院、北京中医药大学、世界中医药学会联合会等精诚合作，在国家中医药管理局的支持和指导下，为中华近现代百年来贡献卓著、深受敬仰的150位中医药学家，编撰出版了这部大型传记丛书。丛书采用评传体裁，记载他们的生平事迹、医术专长、学术思想、传承教育、医风医德、养生之道和突出贡献，使这些宝贵的医学成就和精神财富发扬光大，千古流芳。

从书取名《中华中医昆仑》。昆仑山，被尊为“万山之祖”，柱西北而瞰东南，立中国而凭世界，凌驾乾坤，巍然屹立。以其高峻豪迈、绵延起伏的磅礴气势，寓意中华中医药学历史悠久、博大精深和永不衰竭；以其挺拔雄伟、高耸入云的恢弘气魄，彪炳一代中医药学家的丰功伟绩、杰出贡献和不朽勋业。

从书入选传主，从全国范围推荐遴选，遍及中医药界各个领域。有临床家、理论家、药学家、教育家、医史文献学家；有名师亲授、世医家教、学派传人、院校毕业和自学成才者；有师徒并驾、父子齐名和伉俪联袂者。他们学术造诣深厚、诊疗技术精湛、临床经验丰富、学科地位崇高、科研成果丰硕、医风医德高尚、国内外影响较大，从医学理论到临床实践，为中医药事业的传承和发展作出了突出贡献，是近现代百年来中华中医药界的杰出代表。

丛书的出版，对于弘扬中华文化，振兴中医药事业，造就中医药人才，普及中医药知识，具有重要的现实意义和深远的历史意义。这是一项开创性工作，填补了我国为著名中医药学家大规模撰写传记的空白；也是一项抢救性工作，因入选传主已仙逝过半，许多亲历、亲见、亲闻的史料日见散逸，将之收集整理、编撰成书，功垂后世、利国利民；更是一项承前启后的工作，总结传主经验，传承中医药伟业，继往开来，光耀世界医学之林。这部医文结合，富蕴历史性、学术性、文学性和实用性的鸿篇巨制，对医疗、卫生、科研、教育及全球关注中华中医药文化的各界人士，都有重要的参考和阅读价值。

丛书的编撰出版，是一项巨大的中医药文

化建设工程，在策划、撰写、编辑、出版过程中，自始至终得到了国家有关领导、政府部门及社会各界人士的关心和支持。国家中医药管理局高度重视，并组织专家对全书进行终审；数百名专家、学者亲临指导，参与规划；有关省、市、自治区卫生厅、局、中医局（处）给予大力帮助；传主及其亲属、弟子热情支持、密切配合；撰稿人深情满怀、辛勤笔耕；编审专家尽心竭力、精工细琢；关爱中医药事业的企业家热心公益、慷慨资助；全体工作人员不辞辛劳、无私奉献，这一切使丛书得以顺利出版。对此，我们深表谢意。

由于时间紧迫和资料搜集困难，加之水平有限，难免有疏误之处，敬请广大读者批评指正。

中华中医药学，历史悠久，源远流长，发端于远古，奔向于未来。百年对于历史，不过是短暂的瞬间；百人对于万众，不过是沧海一粟。然本丛书所记载的百年百人，则无疑是波澜壮阔的中医药发展史上辉煌的篇章和光芒闪烁的璀璨星辰。

张镜源

目录

人过一辈子，总是要做点事情，总不能虚度光阴。依我的个性，不善交际，不喜张扬，埋头于故纸堆，做做学问还是合适的。

作为一个本草文献研究者，知识面应广，而研究的领域必须缩小在一定范围内，以求深入，有创见；治学态度必须严谨，没有充分依据，即不能急于发表仓促的论断或臆测。总之：学贵于博，业贵于精，心贵乎虚。

——尚志钧

尚志钧（1918—2008），中医本草文献学家。安徽全椒人。1944 年毕业于重庆国立药学专科学校（今中国药科大学前身）。

中华人民共和国成立后，历任安徽省芜湖卫生学校教师，芜湖医学专科学校教师，皖南医学院副教授、教授，弋矶山医院主任医师。长期从事中医临床、中医文献史的整理和研究，主攻方向：本草文献研究。尚志钧先后钩沉辑复、辑校了《唐·新修本草》、《补辑肘后方》、《名医别录》、《本草拾遗》、《吴普本草》、《雷公药对》、《雷公炮炙论》、《药性论》、《四声本草》、《海药本草》、《日华子本草》、《蜀本草》、《开宝本草》、《嘉祐本草》、《本草图经》、《食疗本草》共16部；校注、校点《本草经集注》、《证类本草》、《大观本草》、《绍兴本草校注》、《中医八大经典全注·神农本草经》、《诗经药物考释》、《山海经植物药考释》、《五十二病方药物注释》、《本草和名》、《本草纲目金陵初刻本》共10部；集纂和编撰《脏腑病因条辨》、《濒湖炮炙法》、《药性趋向分类论》、《药性歌赋集纂》、《中国本草要籍考》、《历代中药文献精华》、《本草人生——尚志钧本草文献研究文集》、《中国矿物药集纂》、《本草人生——尚志钧本草论文集》、《长寿闲谈》共10部。其中，《唐·新修本草》的辑复，使1300年前世界上第一部国家药典复见原貌，奠定了我国本草史研究的基础，为我国本草文献研究的开拓和发展作出了突出的贡献。

尚志钧早在1947年便开始了《新修本草》的辑复工作，1958年完成初稿，1962年由芜湖医学专科学校油印向全国交流，1981年由安徽科学技术出版社出版。《新修本草》的辑成对国内外本草学界产生了很大的影响。据“万方数据库”信息资料提供，学术界撰写论文引用尚志钧《新修本草》共 21 次。1984 年上海科学技术出版社出版的全国高等中医药院校教材《医古文》第 44 课收载的《新修本草序》，即出自尚志钧的辑复本。《新修本草》辑复完成后，尚志钧又对陶弘景的医药著述，如《本草经集注》、《名医别录》、《补辑肘后方》等进行了研究。在本草文献的源流上，尚志钧把主要精力集中在研究宋以前的本草文献上，以此为突破口，上溯下引，追根问底，查清当时药物运用的概况。经过几十年的顽强奋斗，不仅将失传或残缺的古代医药典籍钩沉辑复，还其历史本来面目，而且增强了本草典籍的完整性、科学性和可靠性，为今后的医药史研究提供了更可靠的历史依据和更完整的文献资料。

生于忧患　乱世飘萍

像所有的人都不能选择自己的出生一样，尚志钧是在一个民族最为苦难的时候来到这个世界的。1918年2月4日，安徽省全椒县东乡西观圩小庄村户尚氏家庭，迎来了一个新生命，他就是本传记的主角尚志钧。尚家祖辈务农。祖父尚聚贤给地主汪学诗种田，父亲尚祖谋给地主当管家，母亲刘氏在家务农。尚志钧兄弟有三，大哥尚瑞英、二哥尚瑞和均务农。母亲在尚志钧3岁时因病去世，父亲随后续弦曹氏为妻。失去母亲的尚志钧常常遭到继母的责难，时常挨饿挨骂。童年生活异样苦难。1928年当尚志钧10岁时，举家迁至全椒西乡中兴集北江王村。尚志钧看到邻家孩子上学堂，自己也非常想读书。虽然时局动荡，家境贫寒，但父亲还是同意送他入私塾读书。那时所学的都是传统国学中的基础知识和精粹。教书的先生颇为严格，要求学生背《诗经》：“桃之夭夭，灼灼其华，之子于归，宜其室家。”别的孩子聪明，很快就背出来了，但尚志钧背不全，先生就用尺竿抽尚志钧的手。倔强的尚志钧虽天资不够聪明，但他以“人一能之，己十之”的笨功夫，把玩耍的时间也投入背书，终于背得娴熟。直到晚年，“四书”、“五经”还能琅琅成诵。这一段经历，为尚志钧后来的读书、治学、研究传统中医文化打下了坚实的基础。

1932 年，尚志钧以同等学力进入全椒县西门宝林寺小学四年级插班学习。当时老师讲授算术课，他小学一、二、三年级没上过，听不懂，课后或放学后，他就拼命从数字开始学起，工夫不负有心人，很快就弄懂了加减乘除法，继而又大量做算术题。再后来小数、分数题都难不倒他，到了学期结束时，各门功课都是班上第一名。1934 年小学毕业报考当地县中学，少年的他显示出他的聪慧，以总分第一名的成绩被录取到全椒县立初级中学。1937 年参加高中考试，被录取到芜湖第七中学（今芜湖一中）上学。开学不久，因“七七”事变，华北之大，已经放不下一张课桌。随即上海等地相继沦陷，11 月抗日战火烧到苏州，芜湖七中随之解散。尚志钧像很多的流亡学生一样遂返回全椒中兴集北江王村，不久，全椒亦沦陷。

山河的破碎并没有动摇尚志钧求学的决心，1938 年春，他离家随着流亡的人群西上。苍天不负苦心人，当他来到安庆轮船码头时看到一张告示：凡是芜湖、合肥、安庆的中学师生，可以去安庆对岸的至德县第四临时中学报到就读，于是尚志钧于 3 月初暂时落脚于该校。但好景不长，两个多月后，日本人由芜湖转攻安庆，学校又被迫奉命西迁。5 月初师生 600 余人开始步行出发，经过一路辗转和颠沛流离，9月中到达湖南洪江时只剩下90多人了。该校新校址设在嵩云山庙里，校名也改为国立八中高中第三分部。在这里读高中的两年时间里，尚志钧面对的是敌机随时的轰炸和物资的奇缺，为了能够顺利完成学业，尚志钧常常利用星期日去江边码头打短工。

1940年高中毕业后，尚志钧怀着热血男儿的报国之心，只身来到重庆。当时他报考的是陕西武功的西北农学院。被录取后，因无路费不能前往。其后赶上西迁到四川成都的中央大学医学院牙医专科招考，他又前去应试并被录取，但结果依然一样，还是因为没有路费而没有去成。再后来，还是通过刚从重庆国立药学专科学校毕业的安徽同乡林启寿帮助，复报考国立药学专科学校，和同学李炳生以并列第一名的成绩被录取，并每人获奖金200元。

1944年大学毕业后，尚志钧曾在四川合川麻醉药品经理处及其附设的国立第一制药厂、安徽省卫生处工作，挂个技术员的头衔，但并没有具体工作可做。他想搞制药实验，却无条件，苦于无用武之地。1945 年春节，尚志钧回乡探亲，碰见了本乡族兄尚启东。尚启东的出现，从此改变了尚志钧一生的命运。

结缘本草　矢志不移

当年轻的尚志钧回到家乡时，族兄尚启东已是当地颇有名气的“老中医”了。尚志钧经常同族兄尚启东交谈，并请教族兄今后事业发展的目标和规划。

尚启东不是一位普通的中医临床家，他有着敏锐的目光和深厚的国学功底，从他 1981 年 7 月为尚志钧辑校的《补辑肘后方》一书所作跋文体现出来的广博与专精便可略见一斑。他十分了解并且赏识这位年轻却颇具书生气的族弟，他知道尚志钧背井离乡八年归来，最为珍贵的东西是他从重庆携来的那一摞线装古书；他也知道尚志钧购买这些书的钱，是他省吃俭用攒下来的和奖学金的所得。于是因势利导鼓励他走上研究中医本草文献之路，并且告诉他这一行虽然清苦，但人的一生做点学问才是正事。尚启东说：“若能从事本草文献研究，一定大有作为。用清人的考据方法来研究中医本草文献是一件十分有意义的事，因为清代的考据学家们很少涉及这一领域，可以说这是一个学术上的弱点，需要有识之士为之奋斗终生。”尚志钧听完族兄所言，很受启发，决定辑复古本草。

自 1945 年开始踏上本草文献整理研究的艰难路程之后，一有空，他就到外地图书馆借阅清代乾嘉考据学派名著，通读各种本草书，收集资料。他随身带有活页卡片，是凡与本草相关的内容，随见随录，分门别类。他知道，从事辑校必须掌握广博的知识。除了西药知识在大学学过，他要补课的学科还很多。他又继续苦读中医学、中药学、植物学、动物学等多种学科知识。他一面学习前人辑校的知识，一面不断摸索和积累亡佚本草资料。在那社会动荡变迁的年代，他能丢的东西都丢了，可是本草文献资料和笔记本、卡片未丢一份。到1949年，中华人民共和国成立，他已收集了很多本草方面的资料，为日后辑复亡佚本草打下了坚实基础。1945年春到1949年夏，这期间，只要尚志钧一回到家乡就去拜访族兄尚启东，汇报学习、整理本草文献情况，也常常帮助来求诊的乡亲看看病。

从1948年开始，尚志钧即着手辑复《唐本草》。此前的西药专业知识、实验技术乃至企业和医政管理经验，都成为他新目标的铺垫。中药、方剂和承载它们的历代本草著作，是他的日新之学，也是他的研究对象，注释考证与点校辑佚是他的工作也是方法，他从来都把学习和研究融为一事。这是一项“望龙光知古剑，占宝气辨明珠”的工作，既是对吴普、陶弘景、苏敬以及历代药学家们的继承，又以辑复补遗、善校精训和他们互为表里。这项工作不仅以高层次的医药知识为基础，还需要精深的文献学养。对于后者，施蛰存在《浮生杂咏七十五》中曾感叹道："圈点古书非易事，从来章句有专功。谬本流传吾滋愧，鲁鱼亥豕患无穷。"岂止如此，中药文献因于理论演进、学派传承、度量衡制度等因素，把握起来更为繁难。药名、方义和剂量，误在几微之间，关乎性命，不得舛谬。此外，有的医药名词，还有"一家一义"的特点，这也决定了要弄通本草和方书的理论和应用，还必须有文献学，特别是要有考据学的功夫不可。

于是尚志钧有计划地对各种古本草及经、史、子、集等古籍加以研究，并将其中凡与《唐本草》略相关涉处一一摘出。在摘录过程中，他逐步摸索出一套行之有效的搜集资料的方法。比如要想全而不乱，得有一个大的分类才行，在这个分类之下，再按时间顺序搜集资料制作卡片。这样做就能事半功倍，有条不紊。此时他已将资料卡片按本草人物、本草书籍和本草诸药三部分来分类。即便现在重新审视这套分类方法，也不失为一种全面、简捷而合理的选择。

1949年9月，尚志钧接到一封其药学专科学校同学陈牧群从山东济南寄来的书信。同学向尚志钧透露，他所在的白求恩医学院目前正在搜罗人才，现缺少教化学的教师，希望他能去试一试。化学是尚志钧学过的，他为了寻求一个良好的研究环境，极想到济南去看看。并且他打小就有一个读书、教书的教师梦，这正是一个圆梦的机会。于是尚志钧来到了济南。在济南白求恩医学院任教期间，他备课极为认真，以至于上讲台从不看课本，只凭几根粉笔，板书条理清晰、规范工整。学生们都敬佩他，说他写在黑板上的化学结构式像乌龟壳串连一样，非常流畅。连隔壁教室里的学生都“溜”

来听尚志钧的课。等到下课了，校长告诉尚志钧，刚才“溜”进来听课的不是学生，是来校观摩的老师，尚志钧这才恍然大悟。

白求恩医学院的教书实践只是尚志钧一生中的一个短暂经历，虽然在课堂上他是成功的，但他还是舍不得丢掉本草的研究。

1950 年秋，他的继母生病，写信叫他回芜湖。应当说，从济南再次返回芜湖，是尚志钧一生的重要转折点，从此他便与安徽芜湖、与教学育人、与本草文献真正结下了不解之缘。

安徽省芜湖市濒临长江、青弋江畔。它襟江带河，山明水秀，风景如画，早在古代就被称为“长江巨埠，皖之中坚”，历史上被誉为中国四大米市之一。现在，芜湖不仅是江南有名的古城，也是安徽的水陆交通枢纽和内外贸易港口，皖南旅游区的重要门户，安徽省的重要工业城市和长江经济带的中心。弋矶山医院就坐落在安徽省芜湖市弋矶山风景区，它原本是一座教会医院，1888 年由美国基督教会创办，迄今已有 123 年历史。国内著名医学专家吴绍青、沈克非、陈翠贞等人曾在这座医院任过职。尚志钧也是这个光荣集体的一员。

也许是芜湖甘甜可人的水，也许是芜湖安宁静谧的土，也许是芜湖朴实无华的真，留住了这位了不起的学人。从此以后的半个多世纪，尚志钧的根牢牢地扎在了这里。

此时他对研究“本草”的兴趣已越来越大，他一生中最为重大的一部著作《唐·新修本草》的主要辑复工作已经从这里开始了。尚志钧刚开始辑复《新修本草》时，是以李时珍的《本草纲目》为底本进行的。随着工作的深入，他越来越明显地感觉到李时珍所引资料并非第一手资料，而是转引自《证类本草》，而《证类本草》的基础是宋时官修的《嘉祐本草》；《嘉祐本草》的分类框架又悉遵唐朝的《新修本草》；唐朝的《新修本草》又叫《唐本草》，它是唐朝政府组织编修并颁布的药学专著。由于李时珍所见《证类本草》版本不佳等的缘故，其引文中还存在一些不准确的地方。比如，大约在1955年尚志钧就发现《本草纲目》将《证类本草》中的“唐本余”误为“唐本草”。

虽然经历反复，但在此期间他溯流寻源，有很大发现。在这个创业伊始的艰难自学、求索的过程中，我们已能约略看得出尚志钧做学问注重寻根溯源的自发特点。日后经过几多磕碰，这一特点进一步由自发转向自觉，从而让读其书者，每每为其学识之博大精深而掩卷叹服。

这些发现固然极其重要，然而对于尚志钧的本草辑复工作来说，却是一个不小的挫折，因为此时用《本草纲目》作为底本的辑复工作已近尾声。但发现的喜悦和一种骨子里的责任感又迫使他在矛盾与斗争后推翻原稿，另起炉灶，一切从头再来。他要提供给后人的是完整可靠的历史资料，绝不是自欺欺人、以讹传讹的东西。从1948年着手运作到1958年基本定型，尚志钧用了整整10年时间才完成《唐·新修本草》的整复初稿。同年10月，尚志钧赴北京中医学院（现北京中医药大学）中药研究班进修时带上此稿。他将此稿送请中医研究院医史研究室（现中国中医科学院医史文献研究所）陈邦贤教授审阅。陈教授阅后致推荐信给严菱舟编辑，建议人民卫生出版社出版。严编辑又将此稿送请中国军事医学科学院研究员范行准审阅。1960年，尚志钧收到退回稿和修改意见。范先生建议按唐卷子本修改。1年后回修稿完成，又寄交人民卫生出版社，并列入出版计划。然而天有不测风云，随之而来的3年自然灾害，使出版《唐·新修本草》一事未果而终。为了让这部重要文献不再落入尘封的境地，尚志钧所在的芜湖医学专科学校于1962年将其以油印本的形式印行，在国内交流（1988年，时任皖南医学院讲师的宋建国在日本留学期间，到日本北里研究所参观时看到此油印本。2005年2月19日，日本茨城大学著名本草学家真柳诚博士由郑金生教授陪同，专程到尚志钧家拜访）。

显然，另起炉灶、从头再来，得让本书的辑复质量进一步提高；而出版上的几经周折和不断修润的藻练升华，更使其校注变得绵密细致、几近无讹。因此，在北京的两年时间不但是《唐·新修本草》一书得到升华提高的关键时期，也是尚志钧本人的学术水平渐渐步入炉火纯青境界的时期。即便如此，尚志钧仍没有放弃对此书稿的进一步推敲。事实上，此后的10多年内，尚志钧一直未间断对此书的修订删改，数易其稿，校注条目达6663条。直到1981年，才由安徽科学技术出版社正式出版。从着手写作到最后铅印出版总共用了34年时间。

《唐·新修本草》的辑成对国内外本草学界产生了很大的影响，诚如范行准1962年为该书作序所云："我们知道从事重辑《新修本草》者，中外不止一家，而俱未能问世，今尚先生竟能着其先鞭，使1300年前世界上第一部国家药典的原貌，灿然复见于世，是值得我们庆幸的一件事。"两年后，日本冈西为人重辑的《新修本草》出版，专家将两人的辑复本进行比较，认为尚志钧的辑本更完整，学术水平更高。

1980年，第6期《国外医学·中医中药分册》曰："但经与我国尚志钧的《补辑新修本草》逐条互勘，其中见仁见智之处尚有不少，比如唐慎微在《证类本草》墨盖子下补入数条《唐本草》注文，尚氏辑本收录了，而冈氏本未加收录及说明。"1996年，《中华医史杂志》26卷3期186页，题"'尚志钧辑'新修本草特色评述"，文章将尚氏与冈氏辑本全面勘比，指出"尚本"优于"冈本"。

1981年，第二期《中医杂志》载文对尚志钧辑本评论说："近三十年来，尚志钧完成了《新修本草》……等辑佚工作，其中特别是《唐·新修本草》，这一具有世界第一部药典性质的重要本草能够在我国辑成，使之复见于世，可谓本草文献整理中一大成就。"

1990年，在北京举办的首届中国中医药博览会上，《唐·新修本草》辑复本受到了医药界专家们的普遍关注和赞誉。正如"安徽厅简介"中所说："尚志钧教授钩沉辑复《唐·新修本草》等18种本草文献，饮誉海内外。"

2002年，日本中医学采访交流团在感谢信中称赞尚志钧："中国中医学的博大精深与灿烂辉煌，只有通过历代众多的像您这样学验俱丰的中医学者的存在与活动，才能充分集中地体现出来。"

2004年，安徽科学技术出版社又再版了尚志钧的《新修本草》（辑复本第二版），修订本汲取国内很多专家的批评意见，改正了 1981 年出版时的体例，并附录《新修本草》残本影印件 5 种，有关研究资料 19 篇，评论文 5 篇，书后还附有索引。该书荣获 2005 年度中华中医药学会学术（著作）二等奖。

十年磨难　一部奇书

1966～1976 年是尚志钧损失较大的一段时期。然而不论环境怎样艰难，尚志钧始终没有在命运面前低头，始终没有放弃自己的追求。

《名医别录》辑复本初稿是尚志钧在 1964 年整理的，它的失而复得成为传奇故事。

《名医别录》，旧题梁代陶弘景撰，是继《神农本草经》之后，有重要本草文献学价值的著作，收录了汉代魏晋时期名医在《神农本草经》中增附的资料，是这一时期临床用药经验的总结，原书早佚。尚志钧从吐鲁番出土的《神农本草经集注》残卷、敦煌出土的《新修本草》残卷，以及《千金翼方》等现存本草书和类书中，找出 2000 余条资料，经过剔除重复、归并后辑得药物745种，出校注2653条，依敦煌出土的《神农本草经集注》序中的药物七情药编次而成。

1965年，尚志钧将清稿投交人民卫生出版社，却于1965年5月17日被退回〔附函（六五）中字第1319号〕。更不幸的是，清稿于20世纪60年代末期丢失，并被他人冒名投寄到卫生部。

幸运的是，在1977年，卫生部又将稿件转入人民卫生出版社，并送至中医研究院研究员耿鉴庭处审阅。因耿先生曾见过此稿，此次审阅该稿，发现唯署名处有明显擦改痕迹、不见“尚志钧”三字外，并无任何变化，便立即致函尚志钧。尚志钧见函后，马上向安徽省中医局书写报告，请求核查详情，并将耿先生的信函一同寄去。经省中医局戴真光、吴沛昌等组成的调查组调查，得知冒名者以为尚志钧老先生已然作古，便想借该稿以获名利。1986年，几经周折的《名医别录》，终于以尚志钧本人的名义由人民卫生出版社出版了。虽然从 1964 年成书，到 1986 年原样出版，经历了漫长的 22 年，但是这部失而复得的心血之作，以真实面目出现在读者眼前，还是让人感到非常欣慰。

回想此事，尚志钧每每感慨万千："《名医别录》在辑复过程中失而复得，也是在我的生命史上失而复得啊！这个插曲，如今想来，真是耐人寻味。"因此，此书的失而复得，也许正是命运对于矢志不渝的一代本草学人的一种默默的肯定和回馈。

改革时代　从医而终

1968 年，尚志钧随学校到安徽省霍邱县叶集镇、泾县茂林镇巡回医疗。1972 年学校回迁芜湖，尚志钧被分配在弋矶山医院中医科看门诊，兼教学工作。1974 年，尚志钧在安徽省铜陵市医院开门办学期间，因长期睡眠不足，加上工作量过重，把身体弄垮了，不仅不能上班，连生活都不能自理。从那以后，他便长期病休在家。

待身体有了好转，尚志钧把多年临床教学笔记及临床辨证论治经验整理成书，名《脏腑病因条辨》。1977 年由安徽省卫生厅中西医结合办公室铅印交流。1989 年，由安徽科学技术出版社出版，香港上海书局同时印行海外版。

这时期尚志钧仍想回到医院出门诊。1977年的一天，安徽师范大学生物系教授兼系主任钱啸虎来看望尚志钧，他了解尚志钧对本草文献很有研究，劝尚志钧应该坚持下去，他说到门诊看病仅能治好几个人，把本草文献整理好，造福子孙后代，可以使更多的人受益。尚志钧在钱啸虎的启示下，即放弃搞医疗工作的打算，继续坚持本草文献的整理工作。

但是，皖南医学院弋矶山医院是教学单位，要求教师对前期课能上讲堂上课，后期课能下门诊、病房看病带教。整理本草文献属于“旁门左道”，因此单位领导对他专心研究本草尚存在一些反感。凡是尚志钧应得的福利，如住房、加工资等都没有份儿。医院甚至以不能上班为由，要求尚志钧将居住在单位只有10平方米的单人间住房让出来。1981年末，新华社驻安徽记者站记者宣奉华来芜湖采访尚志钧，几经周折后才在一座工厂筒子楼宿舍里找到了他。

尚志钧寄居在这里，房间只有 14 平方米，并且阴暗潮湿。但是，让他感到悲伤痛苦的并不是这些不公平的待遇，而是那一本本蕴含价值的本草文献清稿不能出版，不能传与他人。因无力担负出版费用，这些清稿只能静静地躺在书架上。尚志钧动情地对宣记者说："如果这些清稿不能出版，那将是一堆废纸。实在是太可惜了。"宣记者耳闻目睹，采访结束后，在新华社内参上发表了文章，首先使得尚志钧的住房等待遇得到了改善。几年后，随着成立"全国古籍整理出版规划领导小组"，尚志钧又得到了相应的资助，他的文献清稿陆续出版了。2006～2008 年间，医院领导积极支持尚志钧整理本草文献工作，并写报告给上级部门，为尚志钧申请资助。

1981～2008 年，是尚志钧整理出版本草书籍最集中、最多的一段时间。如：《唐·新修本草》(1981 年)、《补辑肘后方》(1983 年)、《名医别录》(1986年)、《吴普本草》(第一作者，1987年)、《脏腑病因条辨》、《历代中药文献精华》(第一作者，1989年)、《雷公炮炙论》、《濒湖炮炙法》(1991年)、《点校证类本草》(1993年)、《本草经集注》、《雷公药对》、《本草图经》(1994年)、《中医八大经典全注·神农本草经》(第一作者，1994年)、《海药本草》(1997年)、《开宝本草》(1998年)、《本草纲目金陵初刻本校注》(上、下册，第一作者，2001年)、《大观本草》、《本草拾遗》(2002年)、《食疗本草》〔附《食性本草》(考异本)〕、《〈食医心镜〉重辑本》、《食医心镜》(续集，2003年)、《日华子本草》、《蜀本草》(合刊本，2005年)、《药性趋向分类论》、《药性论辑释本》、《药性歌赋集纂》(合刊本，2006年)、《绍兴本草校注》(2007年)、《本草人生——尚志钧本草文献研究文集》(2007年)、《神农本草经校注》(2008年)。

此外，他还与他人合作整理或为他人著书

提供重要帮助。诸如，1981 年谢海洲、马继兴、翁维健、郑金生等人的《食疗本草》一书“辑校时得到皖南医学院尚志钧副教授等同道的大力帮助”，该书 1984 年 7 月由人民卫生出版社出版；1983 年 3 月卫生部下达“关于落实《伤寒论》等六部经典著作整理任务的通知”，其中《神农本草经》一书，主编马继兴，副主编谢海洲、尚志钧，于 1995 年底完成。而在这一时期尚志钧在各种期刊、各类杂志中发表的文章总计有 224 篇之多。更值得一提的是，尚志钧一生的著述和文章都紧扣“本草”二字，这也体现出尚志钧在做学问上，始终奉行“学贵乎博，业贵乎精”的理念。

1986 年尚志钧晋升为教授。1991 年 10 月被人事部、卫生部、国家中医药管理局确定为全国首批 500 名老中医药专家学术经验继承工作指导老师。1991 年，被国家评定为对国家高等教育事业有突出贡献的专家，享受国务院政府特殊津贴。

1991年，年逾古稀的尚志钧成为学术经验继承工作指导老师后，带了两名中医学徒。两个学生从师之后，尚志钧教他们本草文献整理辑佚应掌握的考证、取舍、断句等基本功，还将清代乾嘉学派的考据方法以及采用经、史、子、集、专书、类书相互参证的经验传给他们。3年中，两名学生勤奋苦读本草书，认真做笔记，成绩得到认可，终于出师。其中刘晓龙现任安徽中医药高等专科学校研究员、科研处长，兼中国药学史学会委员、《现代中药研究与实践》杂志副主编等职，安徽省人大代表。

风雨晨昏人不晓，个中甘苦寸心知。耄耋之年的尚志钧还了却了一桩长期未了的心愿，那就是，把自己20世纪60年代到80年代各时期收藏的本草文献油印本及成套本15册，约600本以及多年来的本草文献手稿，征得医院同意，盖上公章，从2003年10月起，陆陆续续赠予全国各大图书馆及医学院校图书馆，作为史料保存。今天翻检这些几乎成为文物的油印本，那些发黄、发脆的纸张，真是让人有一种恍如隔世之感。想想当年的刻印，一块钢板，一枝铁笔，手推油磙，多不易啊。而尚志钧一笔一画书写的原稿，既是他孜孜不倦、爬梳钩沉的心血结晶，更是他用一生的时间为中医药的发展所作贡献的见证。

30 多年过去了，尚志钧陆续在人民卫生出版社、中国中医药出版社、安徽科学技术出版社、中医古籍出版社、上海中医药大学出版社、学苑出版社等出版了他多种本草辑复本和校注本，引起了学界的广泛关注。这期间，学界撰写论文引用尚志钧本草书及论文资料就有 158 次。1988 年 11 月 9 日，日本昭和大学医学博士、现在日本茨城大学的真柳诚博士写信给尚志钧，信中说："从 1980～1983 年，我留学过北京。那时通过文章和您的重辑书，已知道您的大名，但外国人的身份使我不能到芜湖直接见您。我回国后，在北里研究所一直研究医史文献，重点亦在本草方面。今天偶见贵校的宋建国讲师来我所参观，因此我把拙作托他赠您，请您指教一下。”

1996年《中华医史杂志》26卷3期186页题为“中国药学研究六十年”的文章中，评价尚志钧对于古本草的辑校作出了很大成绩。

1997年湖北人民出版社出版的《中国图书大辞典》第十三卷中载有《唐·新修本草》和《名医别录》条目。条目编号分别为R002233和R002240。

2005年4月，国家中医药管理局科教司时任司长贺兴东、时任副司长洪净来芜湖开会，并由弋矶山医院时任院长芮景教授陪同，来到尚志钧住处探望。同时媒体也多次采访报道评价，使尚志钧的名字远播海内外。但尚志钧为人低调，他一再说：“如果没有出版社领导的肯定，没有单位领导的支持，没有家人的理解，我搞的东西最后也可能成为一堆废纸。”他还多次提到新华社驻安徽资深记者宣奉华，安徽科学技术出版社第一任总编辑任弘毅，以及胡世杰总编辑，1990年为他疝气嵌顿急诊住院手术的夏祥厚教授，还有为他出书到省卫生厅申请资助费用的时任院长芮景教授，以及未谋过面的学苑出版社的陈辉主任。

2008年5月，学苑出版社医药卫生编辑陈辉主任给尚志钧送来贺联“新修别录吴普神农六十甲子钩沉上下五千年，悬壶济世秉烛耕读呕心沥血铸就成本草人生”，并附贺信一封，祝贺尚志钧90岁生日。现摘录如下：

“虽未谋面，但久仰您的大名——是和本草联系在一起的。

其实我在1990～1991年就知道尚老您了，当时我还特意从北京到合肥准备接本草集成的选题。我的一个朋友曹太定认识新华社记者宣奉华，他给我推荐并联系的这件事，也特别提到过宣记者写的新华社内参。后来由于字数较多（大约有百万余字），当时我们社是小社，资金有限，所以放弃了，但尚先生的事迹我是知道的。所以当今年初钱先生拿出‘唐以前中医经典丛书’中的《神农本草经》(我社的一个编辑遗留下来的事情）时，钱先生力推先出这本书。我看到署名太熟悉了！我们确定先出这本书以了尚老您的心愿，了了钱先生的心愿，也了了我18年的心愿。我崇敬尚老，特别是年末读了赵怀舟先生写的后记《观其户寂若无人，披其帷其人斯在——记尚志钧先生的本草人生》后，更让我感觉到尚老的一生都奉献给了中国的本草事业，无愧于‘本草人生’的称号。您的名字永远和本草事业联系在一起，那些经您钩沉辑复的本草典籍也将永远铭刻着您的名字……”

淡泊简处　满庭清风

在尚志钧居住了近 30 年的房子里，三间有两间半装的都是书和资料。从地面到房顶的几面墙都被一本本、一摞摞的书籍和资料所覆盖，上面密密麻麻地注明书名与标记。旁边放着一个木梯子，下面摆着 3 个小矮凳，说是为方便查找资料而放置的。简易的桌子上，堆着书、纸、笔和放大镜，下边一个方凳子被棉花和旧毛巾包裹着，据说已用了 20 多年。女儿多次要给他买个有靠背的椅子，尚志钧执意不肯。1989 年 7 月 13 日，《新民晚报》第六版在《出书前的惶惑》标题下这样报道："安徽有一位研究唐代本草专家，可谓皓首穷经，一生钻在故纸堆里。……我教研室有一位青年教师，去年去合肥开会，顺道访问这位学者，他家除了书外，四壁萧然，什么‘机’（指家用高档电器）也没有。”

人们眼中的尚志钧，头发稀疏，瘦骨嶙峋，思维敏捷，精神矍铄。身着一套半旧的衣裤，脚穿一双布鞋，显得整洁而朴素。据他女儿尚元藕介绍，爸爸平常话不多，语言很简练，但只要聊起本草来就滔滔不绝。尚元藕谈自己的父亲时，第一句话是“我爸爸是一个怪人，一个书呆子”。究竟尚志钧“怪”在哪里，“呆”到何等程度，尚元藕没有说。但是像所有的学者一样，尚志钧爱书超过一切。

1947 年尚志钧与井子东结婚，妻子虽然没有文化，但勤劳持家，育有一子四女。儿子尚元胜在芜湖市第九中学任化学教师（特级教师），大女儿尚元利、二女儿尚元路均是退休工人，小女儿尚元藕在芜湖弋矶山医院工作，其双胞胎妹妹在 3 岁时送他人抚养，更名谢兆洪。

上个世纪50年代至70年代前，尚志钧的工资仅仅几十元至百余元，一家八口（还有尚志钧继母）全靠他一人工资维持生活，5个孩子上学、下放、上调他不管，怎样生活他不问，但每月须从工资中抽取10元钱购书、订杂志、买稿纸、付抄写费的规矩不能变。在那个年代，每月10元钱就能养活一个人。有时生活拮据，老伴劝他别买书了，尚志钧的回答是“除非棺材盖上了”。

从那以后，老伴井子东一谈起往事，便两眼泪汪汪，心酸地说不出话来。丈夫一生从事本草研究，“六亲不认只认书”的行为，使她历尽艰辛操持家务，日夜操劳抚养孩子。由于经济困难，无力抚养，以致将尚元藕的双胞胎妹妹送人。女儿回忆，小时候一次妈妈外出，不会做饭的爸爸竟用冷水下面条而煮成了一锅面团，当时的场面，她至今印象深刻。对子女，尚志钧内心有许多愧疚，他曾在重病卧床时感慨地表示："我有点自私了，没有给你们更多的父爱，更对不起你们的母亲，让她跟我吃了许多苦。"

和尚志钧相依为命半个多世纪的老伴曾经这样总结尚志钧："家里油瓶子倒了，他都不会扶。他生活极其简单，不讲究吃穿，只讲看书，他一天不看书，浑身都难受。"由于尚志钧白天忙公务，晚间、星期天、假期全忙于本草文献研究，回家便是看书，他对家务实在无暇顾及。井子东曾笑言："几十年过去了，家中没有一件像样的家具，没有一件值钱的电器，客厅里的彩电是几年前换的，冰箱也是我前段时间心脏病犯了，不能上市场买菜才由女儿帮忙添置的。这不，过了大半辈子才有一个大件儿进门。跟了这样不顾家的人真是倒霉，若是换了别人，老早就离婚了。"在儿女印象中的父亲，除了睡觉，几十年如一日，他的手上总是有书。哪怕大年三十，不到饭菜上桌，他手里的书是不会放下的。

父亲的治学精神，对子女是一种激励；父亲的治学态度，给子女的感受是一种敬重。特别是小女儿尚元藕体会最深。1977 年 6 月～1978 年 7 月，尚元藕由皖南医学院从下放农场被借调回芜湖，帮助尚志钧整理《唐·新修本草》。1978 年 8 月～1991 年 8 月，尚元藕在芜湖市中医学校师带徒班学习，毕业后被分在弋矶山医院中医科任中医师。1988～1990 年，尚元藕全脱产帮助尚志钧整理本草文献。这段时间，父亲对尚元藕要求甚严。要求她在整理本草文献时，对同一种古籍，用不同版本和有关资料进行相互勘比，核对其文、句、篇、章的异同，加以订正各种谬误。时常为了一个字的校勘，尚志钧要求女儿查找十几种版本的古书，所查结果要注明出处，勘有证据，记录在案。甚至每一个字的书写也要工工整整，不得潦草。曾经因女儿写了一个“王”，稍有连笔，像“五”字，父亲一边指正，一边拿出正楷字帖，要求女儿按照字帖练字。父亲的严苛，使得尚元藕对跟随父亲10多年的从医经历以及对本草文献的整理望而却步，以致半途弃医，改行搞了行政。多年后，当尚元藕提起因此行为的决定而伤了父亲的心时，仍百感交集。用尚元藕的话说:“我知道父亲对我是恨铁不成钢。由于任性、缺乏毅力，辜负了父亲对我的期望，特别是父亲在病重期间直至去世，这种自责和愧疚越发困扰着我。”

尚志钧是学西药药理和制剂的，但他却把精力放在中药专业上，并缩小到中医本草文献上，再集中到研究古本草文献上。研究的圈子非常小，既枯燥又无味，如果没有持之以恒的精神是很难成功的。而尚志钧却成功了，因为他把一生的精力都献给了本草的研究，作为一个学人，他没有给自己的家人留下什么物质财富，他留给儿女们最珍贵的是满庭清风、认真严谨、刻苦自励的精神财富。

本草文献研究思路与方法

尚志钧先博后专多读书，是多年养成的习惯。你若问他究竟读了多少书，他自己也未曾统计过。用他所辑复、校注的多种本草书中的一本举例，可窥见一斑。如：辑复本《本草经集注》一书，列出参考的古籍就有 90 种，其中关于《本草经》的资料 12 种，《本草经集注》的资料 3 种；《新修本草》的资料 5 种；《证类本草》的资料 7 种。又如《菊谱》、《橘谱》、《群芳谱》、《蟹谱》、《茶经》，这些与药用动植物有关的资料也参考了许多，还有一些不引人注意的非医药类书，如《海录碎事》、《记纂渊海》等书中有关本草的零散资料，他都一一查出而参考之。

尚志钧在本草文献整理上有继承、有见解，也有创新、有发挥，最终自成一家，被学术界称为“尚派”。

用尚志钧自己的话说，“我做学问就是运用清代乾嘉学派考据学的方法，同时借鉴了清代朴学（清代朴学，亦称‘汉学’或‘考据学’。因其盛行于清代乾隆、嘉庆两朝，又称‘乾嘉学派’。乾嘉学派重视考据、训诂，学风平实、严谨、求证、求实）及清代知识分子做学问的方法”。

“尚派”在古本草文献整理上有辨伪、校勘、翻印等。对亡佚书加以辑佚，对残缺的书加以补缀；对文字难认的加以音韵训诂，对文义难懂的加以注释等等。在本草研究上，“尚派”注重实效，避免为考据而考据，力戒烦琐，主张“经世致用”。正如孟庆云教授在尚志钧新作《本草人生》序言中所说，本草考据学方法的创新和辑佚高质量的方药典籍是他的两大成就。具体说来有以下特点：

本草文献研究“三重证据法”。自殷墟甲骨卜辞被发现后，王国维提出古史研究“二重证据法”。至饶宗颐等诸贤又进一步发挥，引入比较古文字学、人类学，将“二重证”演化为“三重证”。尚志钧是在“二重证据法”基础上，参考了现代植物学分类以及药物学的有关新知识，使得本草研究特色明显，可称为“本草三重证据法”，这在本草文献研究界可谓独树一帜。

“双线”构建“本草方书联络网图”。在60年的本草研究中，尚志钧做了大量的卡片，建立了本草书籍、本草人物、单味药物三个系统的卡片档案。最初，他先将全部精力集中于宋以前本草，将此作为突破口，上溯下引，追根问底。他首先将《名医别录》整理出来，然后着手研究未收入陶弘景《本草经集注》中的药物。后又着手整理《肘后方》。以这两条线为基础，旁征博引，上下贯通，构成辑佚本草方书的一个联络网图，进入了左右逢源、得心应手的佳境。《唐·新修本草》辑复本的完成，同时也奠定了尚志钧以后的研究基础。他认为，尽可能多地占有材料，有系统、有条理地整理和运用这些材料，意味着研究工作的顺利开展。

“辨章学术，考镜源流”。尚志钧在多年本草文献整理中发现历代很多本草书之间存在相互联系，厘清他们之间的关系，对于“辨章学术，考镜源流”很有价值，同时也可以避免在文献引用时“本末倒置”。如《唐·新修本草》的本草部分是在陶弘景《本草经集注》的基础上发展而来的，而后者是合《神农本草经》、《名医别录》文注释而成的。《唐·新修本草》后来亡佚了，但其本草部分分散地通过《蜀本草》、《本草图经》而被保留在宋代唐慎微的《证类本草》中。而李时珍的《本草纲目》则是在《证类本草》的基础上编纂的。清代的大部分本草著作，如《本草备要》、《本草从新》等又依据《本草纲目》主治项摘要而成书。在药物考辨方面，如《诗经药物考释》、《山海经植物药考释》、《五十二病方药物注释》等书，则反映了他对先秦典籍和现存最早方书的研究。《五十二病方药物注释》一书对每个药物的注释包括三点：一是含相同药物的方子的罗列；二是摘录古代文献中有关该药物的历史资料；三是按语，从药名、主治、功用等方面来联系后世方书、本草与《五十二病方》的关系，从而确定该药基原是什么。从时间上说，《五十二病方》是现存最早的方书，其所用的药物也是最早的，而尚志钧的注释注意联系后世的方书、本草，从源到流为读者进行梳理。

“医”“文”并行，是尚志钧研究的又一特色。在校点古籍，遇“数说难从，或底本文义不顺”，运用理校时，除了从文理，如文义、文气、文例等，文章结构体例，语法，音韵，训诂等方面，尚可运用“医理”即“理法方药”校之。他认为，校勘时，如遇文字并无错误，但与医理、药理相违背时，应从医理、药理校之。理校对所校之书的各方面问题要细加体会，对书中内容要能融会贯通。理校必须证据确凿，因为驾驭难，掌握好了可收良效；掌握不好，则易产生错误。正如陈垣在《元典章校补释例·校书四例》中评介理校“最高妙此法，最危险者亦此法也”。尚志钧是临床出身，有着丰富的临床经验和医理、药理基础，使他在本草文献整理研究上比一般的纯文字学或医史学学者，占有更多的优势。

此外，在具体问题上他也做了大胆的尝试与探索，如：药性趋向分类法。他认为，根据药物作用趋势，分为行、守两大类。行类含上行、下行、通行、化行。上行以升散为主，如“升举下陷”，“发散外邪”；下行以降下为主，如“平降喘咳”、“泻下利水”；通行以通畅为主，如气血不通作痛，用通行药使气血通即可止痛；化行以转化为主，如食积、痰饮，通过转化，成为无害物。守即固守，不固守即出现虚损，对虚损宜补。守类含补益和收敛两类。各类再分若干小类，每小类先列举药名，次述共同作用、用途，再述各药其他用途，最后指出注意点及同一小类中药物性味主治功用。这样就更便于记忆掌握，使得药物分类更科学，药性更清晰。并对3000余味常用中药药性作用直说引述，正说反证，浅说深论，咂摸得淋漓尽致，十分切合临床。这是尚志钧对本草学研究的又一项创新。

有人问尚志钧，为什么要对本草文献进行研究？尚志钧回答："古本草文献存在三个方面的问题。一是古本草版本多，有些本草的原本已失传，其传抄本经过辗转传抄或翻刻，发生讹误，脱漏、增衍、错简现象较多，多数传抄本尚未进行校勘，因此需要校勘整复；二是古本草种类多，但今存者寥若晨星，因此需要辑复，重新面世；三是古本草文字古奥，没有句读，甚至没有分篇立题，因此需要进行校点、注释，使后学者方便口读，便于学习、掌握和运用。”

对本草文献研究，尚志钧认为应具备多种知识。首先要懂得“小学”。所谓“小学”即研究文字形、声、义的文字学知识。不懂“小学”，则字不解，则词不同，则句不明，就不能读懂古本草的真正含义。其次要了解目录学知识。目录学主要是对书籍分类、编目、叙述作者、介绍内容、订正讹误、研究版本、考察存佚、评论价值。了解目录学就能熟悉常用检索工具的内容及查阅方法，可以节省时间和劳力。第三要具备专业基础知识及跨学科的知识，如中医药基本知识、考据学、校勘学、版本学、辑佚学及训诂学等知识，还要熟悉植物学、动物学、矿物学及历史学、地理学等相关知识。

广泛涉猎各专业知识，可以对本草文献学的学习和研究打下坚实的基础。第四是治学态度。在研究本草文献时，力求使用的材料全面可靠，不能遗漏，不能用伪材料，力求证据。无证据不要轻易下结论或臆测。要辩证地看问题，重视他人的意见，不搞一言堂。某些问题不是一次就能认识清楚的，一个判断或者结论只能代表当时的认识水平，当认识提高或者别人指出正确意见或有新的发现时就要修正甚至推翻重来。尚志钧说："做学问也要遵循客观事物发展的规律，科学的发展永远不会停留在一个水平面上。李时珍写《本草纲目》，稿凡三易，以他博学多才都如此慎重，何况我这个凡夫俗子，更要多学习、勤用功才行，岂能马虎了事。"

临床用药与经验案例

一、治小儿疳积

井某，女，5 岁。初诊：1949 年 5 月 18 日。

母代诉：患儿不吃饭，消瘦两个月。喜嘴含手指头。症见：面色黄，头发稀，四肢细小，腹大如鼓，骨瘦如柴。辨证：小儿疳积。治法：健脾化疳。

处方：五谷虫 150g，鸡内金 150g，分成 60 包，每日 1 包（约 10g），分早、中、晚 3 次，饭后服。

病家拿处方去药铺买，缺五谷虫，后知道五谷虫是粪坑里的蛆，不敢用。尚志钧告诉家属，此药有效，必须用。

用法：将蛆装入纱布袋里，扎紧袋口，放在流水沟中或挂在行船的船尾，任流水冲刷3天。再蒸晒干（烘干），与鸡内金晒干（烘干）共研细末即可。

服药两个月，其效佳，患儿胃口大开，身体渐好。嘱：再服两剂，半年后愈。

按：五谷虫治疳奇效。中华人民共和国成立前，成药肥儿丸中，即含五谷虫粉。中华人民共和国成立后，因五谷虫不卫生，被取缔。

二、治痰饮心悸

曹某，女，45岁，已婚。初诊：1968年7月27日。自诉：心慌胸闷，身体沉重，乏力3个月。曾看过中医，服过安心养神丸，效果不显，又服天王补心丹数瓶，也不见好。症见：患者肥胖，双下肢浮肿，纳尚可，口不渴，小便少，舌苔薄白，舌质胖嫩，脉滑数。辨证：脾虚湿盛，水气凝心。治法：健脾利湿，安神定悸。

处方：茯苓 25g，桂枝 5g，白术 15g，甘草 10g。煎服 4 剂，每日 1 剂。

二诊：1968 年 8 月 2 日。服药后，小便多，身体沉重有改善，心悸也有好转。处方：原方加陈皮 3g，姜半夏 5g，煎服 4 剂，每日 1 剂。

三诊：1968 年 8 月 8 日。服药后，诸症皆减轻，偶有心悸。

处方：香砂六君子丸，每日早晚各服 6g，连服 1 个月。

按：此证为脾虚湿困所致心悸。今治以温脾阳化湿困，加姜半夏除痰饮。痰饮去，心悸除。

三、治斑秃（脱发）

熊某，男，22 岁，未婚。初诊：1968 年 8 月 25 日。自诉：脱发半年。头顶偏左脱落头发两处，五分钱硬币大小，经服药不见效。症见：面色无华苍白，夜寐差，舌质淡少苔，脉虚细，轻按有，重按无。辨证：血虚脱发。治法：补血生发。处方：当归丸10瓶，每日3次，每次10粒。

二诊：1968年10月28日。斑秃处生新细毛。嘱：继续服当归丸10瓶。

按：最早治斑脱用八宝美髯丹，水煎服。连服3个月，亦能见效。如无煎煮条件，可改用上方重用当归，做成丸剂，连服3个月。

八宝美髯丹组成：当归、何首乌、枸杞子、菟丝子、补骨脂、牛膝、茯苓。方中当归剂量为30g，余药用量6～10g。久服效果佳。

发为血之余，血虚则发不固而落，当归能补血，血益则发生。

方药应用的体会

一、当归

〔主治〕贫血、脱发（斑秃初起）、慢性筋骨痛、自主神经功能紊乱引起的轻度精神不正常（类似神经官能症）、对周围环境有轻度不正常感觉（类似癔病）、痛经、月经不调。

〔指征〕各种疼痛，喜按喜温；贫血，面色苍白，舌淡而嫩，脉虚细数。

〔禁忌〕月经过多，有出血倾向者，高血压而面赤者；一切实证、阳证。

〔配伍〕当归 50g，配黄芪 30g，焦三仙（神曲、麦芽、谷芽）20g，烘干研粉，早晚各服 6g，治贫血，脱发。当归 50g，配柴胡 10g，白芍 30g，茯苓 10g，白术 10g，甘草 5g，薄荷

3g。烘干研末，早晚各服6g，治精神紧张、自主神经功能紊乱、神经官能症、癔病。当归10g，配白芍20g，熟地黄10g，川芎5g，香附5g，广木香5g，乌药5g，治痛经。当归10g，配白芍10g，熟地黄10g，川芎5g，治月经不调，于经期服。量多者去川芎；量少者，川芎可加至10g。

〔用量〕水煎：3～20g；研粉：0.3～9g。

〔体会〕当归以新者、肥大者为佳，陈旧者为油当归，只能作润大便用；水煎当归宜当日服，隔夜不服；制成粉剂或丸剂，在雨季宜放置干燥处，防止发霉，霉则不用；当归宜配焦三仙，特别是消化不良者，更宜配伍消食药；慢性病应坚持服药；若服药过程中感受外邪、发热者停药。

二、枇杷叶

〔主治〕咳、喘、呃逆。

〔指征〕慢性咳嗽，干咳，久咳无痰者。

〔禁忌〕痰多清稀或稠黄，不宜单独使用。误用小量无妨，大量必使人发闷甚或喘。

〔配伍〕枇杷叶 50g，煎汤变黑，加红糖少许搅拌服，治干咳、久咳无痰。枇杷叶 20g，配桂枝 3g，白芍 10g，细辛 1g，干姜 1g，炙麻黄 1g，制半夏 3g，五味子 3g，治外感初咳，痰多而稀或慢性支气管炎，喘咳，痰多而清稀者。枇杷叶 20g，配旋覆花（包煎）3g，赭石（碎）10g，丁香 3g，柿蒂 10g，生姜 3 片，制半夏 3g，党参 15g，大枣 3 枚，治呃逆。

〔用量〕10～30g。

〔体会〕枇杷叶以老者为佳，入药宜刷去毛；入汤剂宜久煎，以汤黑为佳。服时加糖少许，或加甘草 10g 同煎；对于年老久咳不愈者，川枇杷叶 30g，黄精 20g，北沙参 15g，麦冬 15g，日服 2 剂，效佳。

三、半夏

〔主治〕恶心，呕吐清水，吞酸，咳嗽痰多

清稀，眩晕，呃逆。

〔指征〕呼吸道、消化道分泌物过盛，如呕吐清水，咳痰清稀，不渴或渴不欲饮，不饥不食。舌淡，苔薄白。脉滑。

〔禁忌〕干咳，干呕，舌红，苔黄，口干而渴，或渴而能饮者；肺、胃有出血史者。

〔配伍〕半夏6g，配党参15g，麦冬10g，生姜3g，治呕吐。半夏6g，配陈皮3g，白术10g，茯苓皮15g，生姜10g，治呕吐清水。半夏6g，配桂枝3g，白芍6g，细辛1g，干姜1g，五味子1g，炙麻黄1g，枇杷叶20g，杏仁10g，贝母10g，治外感咳嗽，痰多而清稀。半夏6g，配陈皮3g，茯苓15g，泽泻20g，蒺藜10g，蔓荆子10g，治痰饮内停的眩晕。

〔用量〕0.3～9g。

〔体会〕以制半夏为主，生半夏只可外用，不可内服。

四、柴胡

〔主治〕低热（以气虚发热为主），神经官能症，轻度精神异常，肋间痛，易紧张，易怒；呼吸时肋间痛；血压偏低，蹲下突然站立时头晕，两眼发黑。

〔禁忌〕高血压病，误用出现头晕；贫血者。

〔配伍〕柴胡6g，配黄芩3g，生姜3片，半夏3g，党参20g，甘草3g，大枣3枚，治低热不退。柴胡10g，配当归50g，白芍30g，茯苓10g，白术10g，甘草5g，薄荷（研末）3g，每日早晚各服6g，治情绪紧张。柴胡6g，配党参10g，黄芪10g，葛根5g，陈皮3g，升麻3g，当归10g，焦三仙10g，烘干研末，每日早晚各服6g，治低血压。

〔用量〕粉剂：0.1～1g；煎剂：3～6g。

〔体会〕柴胡用于退热须配党参或黄芪，单用效差；柴胡用于疏理情志须配当归、白芍；

高血压病者忌用；用于血虚者须配当归，但当归用量不宜过大，过大易致溶血。

五、山药

〔主治〕各种脾胃病，消化不良、食欲不振、泄泻等。

〔禁忌〕中满者忌服。

〔配伍〕山药15g，配党参10g，白术10g，茯苓10g，焦三仙10g，烘干研末，每次服6g，一日3次。治消化不良，食欲不振。山药15g，配白扁豆10g，薏苡仁20g，甘草3g，桔梗5g，茯苓20g，白术15g，砂仁2g，治泄泻。山药30g，配黄芪20g，黄精20g，当归20g，熟地黄20g，山茱萸10g，茯苓15g，烘干研末，每次服10g，每日2次。治身体虚弱或神经衰弱。

〔用量〕10～30g。

〔体会〕山药，无毒副作用，亦可做保健品。山药易霉变，或味苦均不可服用。山药可以提高自我适应的能力，当一个人身体不好时，总觉得体内这里或那里不适，对周围环境变化无法适应，此时可常服山药。

六、四君子汤

〔组成〕党参 15g，白术 10g，茯苓 10g，甘草 3g。

〔主治〕一切消化不良，食欲不振，病后体虚。

〔指征〕倦怠乏力，动则气促，舌淡，苔薄白，舌边有齿痕，脉虚细；上楼、走快或用力则心悸。

〔禁忌〕凡中满食积，嗳气酸腐者；外感发热者。

〔体会〕用此方需根据患者具体情况而定，如中气不足，党参加到 30g；大便稀者，白术、茯苓可加到 20g；大便干者，可减至 3g，另加山药 10g；有痰涎、吐清水者，可加陈皮、姜半夏各 3～6g，此方还可配炒二芽或炒神曲使用。此方有健胃作用，可配入其他方中使用。

七、四物汤

〔组成〕当归15g，川芎5g，白芍10g，熟地黄15g。

〔主治〕月经不调，各种原因引起的贫血、疼痛，某些慢性炎症。

〔指征〕凡血虚见舌唇、面色、指甲苍白，蹲下突然站立则两眼发黑或爬楼、快步行走时心悸者。

〔禁忌〕有出血倾向、高血压病及脑血管意外倾向、外感发热者。

〔体会〕对此方不可机械照搬，如血虚当归、熟地黄可加到20g。川芎量宜小，尤其有出血史者。疼痛患者，当归、白芍用量宜大，必要时各用30g。用此方适当加减，可以治妇科百病，是月经不调之圣方药。对某些慢性炎症，在主治方中另加四物汤合用，可提高主治方疗效；对婚后数年不孕，经查男、女生殖系统无器质性病变者，嘱女子每逢经期连服本方

5剂，可增加受孕机会。

八、二陈汤

〔组成〕陈皮6g，制半夏6g，茯苓15g，甘草3g。

〔主治〕一切痰饮证。

〔指征〕不渴或渴而不欲饮，尿少，大便不干，身重，不饥不食。或恶心、呕吐清水，呃逆；或有喉鸣声，咳痰清稀（或肺有湿啰音），气闷；或胸胁疼痛；或有肠鸣，甚或有轻度腹腔积液。舌苔滑腻，舌质淡胖嫩，脉滑。

〔禁忌〕燥证。

〔体会〕此方忌与乌头、附子合用，因半夏反乌头、附子。方中甘草用量宜少，特别是治呕吐时可以不用，因呕家忌甘。又中满或有水气肿满，甘草亦不宜用。因诸甘皆缓，甘草能延缓脾之运化水湿的功能，而使湿邪停留。

〔病例〕眩晕。吴某，女，46岁，1997年2月22日就诊，卧床不能转侧，转侧则天旋地转，不渴，饮水吐水。舌苔白腻，脉弦滑。以二陈汤加减，陈皮 10g，姜半夏 10g，茯苓 15g，泽泻 20g，蒺藜 10g，蔓荆子 10g，两剂，煎汤服。1 剂则转轻，两剂即愈。

九、苇茎汤

〔组成〕芦根 60g，冬瓜仁 30g，桃仁 5g，薏苡仁 30g。

〔主治〕肺痈咯吐脓痰。

〔指征〕咳嗽，痰稠而黄，不易咯出者。

〔禁忌〕有出血倾向，或痰中带血者。

〔体会〕本方芦根以鲜者为佳，用量宜大；桃仁不可多用，有出血倾向者可去掉。用此方宜加鱼腥草、蒲公英各 50g，甘草 10g，桔梗 10g，沙参 10g，麦冬 10g。

十、白头翁汤

〔组成〕白头翁 15g，黄连 10g，黄柏 10g，黄芩 10g，甘草 10g。

〔主治〕肠炎，痢疾。

〔指征〕大便中夹有赤白黏冻，里急后重，日下数次，多则十余次，纳呆，舌质红，苔黄，脉弦数。

〔禁忌〕纯下白冻，腹冷痛者。舌淡，苔白。

〔体会〕本方一派苦寒药，极易挫伤胃气，必要时重用甘草，加炮姜 5～10g，苍、白术各 5～10g，广木香 5g，当归 5g，白芍 5g，焦三仙 10g。目前治疗痢疾的西药很多，且起效迅速。而且此方味苦难服，不易推广。但在农村和边远乡村就医困难，单用白头翁 15g，配马齿苋 30g，每日 1 剂煎汤服，效佳。故可推广。

桑榆未晚　夕阳更红

事业的成功伴随着尚志钧幸福而美满的晚年生活。进入晚年生活的尚志钧，并没有过像普通人一样的弄儿床前戏、颐养乐天年的生活，他依然没有停止自己学术研究的脚步。

2006年，尚志钧已年过86岁，在尚元藕的协助下，又整理出《长寿闲谈》、《临床用药经验》、《常见病的治疗》三篇手稿，拟交上海中医药大学出版社出版，后因故耽搁下来。

在生活上，尚志钧始终是一个物质需求极低、简朴又简单的人，对于吃喝穿着，几乎是毫无要求。他的饮食清淡，平时极少吃零食，喜欢喝糖水，喜欢吃素菜。尚志钧常说："饮食定时、定餐，早上吃碗烫饭，一个鸡蛋，喝点豆浆，这就足矣。中午、晚上都是米饭。‘人是铁，饭是钢’——民谚不会错。至于荤菜，隔一天吃两个猪肉丸子就足够了。”

进入 80 岁高龄以后的尚志钧仍然精神矍铄。他有一个宏愿，就是向百岁进军。在室外，人们很难看见他的身影，他在家里的床头上横吊着一根木棍，当作“单杠”，每天拉几下。有时候，还在家里进行原地跑步。随着年事渐高，跑步、拉单杠不便进行，他就搓搓手，伸伸腿，踢踢脚，坚持用剪刀剪碎蔬菜和猪肉（因为他咀嚼的牙齿掉光了，未装义齿，不能吃硬食物）。尚志钧说：“这个活儿可以使自己的手指得到充分锻炼，从而保证大脑功能的正常运行，这是防止出现老年痴呆的有效方法。同时，绞碎食物，也便于体内消化吸收。”其实他还有一套系统的保健方法，那就是保持“三通”，即心通、胃通、二便通。心通，即心情舒畅，保持乐观，遇事想得开，挺得住。人们生活在自然界，必定受到各种因素的影响，所以在成功时不骄傲，失败时不苦恼，平日言行要谨慎，多尊重别人，少些个人欲望，这样不顺心的事就会少些。胃通，就是吃东西不要过饱，饮食量及温度、硬度以自己能耐受为宜。过量、过冷、过硬的食物，易损伤脾胃，引起肠胃积滞不通。特别是老年人脾胃虚弱，更要定时定量，细嚼慢咽。古人有“已饥方食，未饱先止”之说，老年人尤应如此。便通，即要保持大、小便通顺，养成良好的排便习惯。年高便秘之人，多食水果、新鲜蔬菜，保持大便通畅，每天排大便一次。如大便在肠道停留时间长，有毒物质被吸收，则有损健康。古人云：“肾司二便。”平时注意固肾气，节制房事，也有利于二便通顺。

人的健康一般分为身体的健康和心理的健康。我们大多数人在身体上基本都是可以实现健康的，但现代社会生活节奏日趋加快，竞争压力不断增大，人的生存负担越来越重，恐怕我们中间的很多人都难以在精神上一直保持一个比较完好的状态。因此尚志钧除了在医疗保健上对健康有着自己独特的健身方法，此外，还特别注重心理的健康。

每一个长寿老人恐怕都有很多的保健经验，尚志钧也不例外，但他反复强调的一条是，人这一生，一定要干自己喜欢干的事情。好好工作，好好生活，知足常乐。尚志钧的一番话对当今忙碌浮躁的人们有太多的启发意义。

是的，尚志钧一直在自己钟爱的故纸堆里进行学问钻研，六十年如一日，别人看来苦不堪言的学问研究，他却甘之如饴。

人一旦沉浸于学术的甘甜之中，外在的名利也就如同浮云耳，情绪自然也就开心快乐，取得巨大的成绩也就水到渠成了。这是一种良性循环。

本草人生　传承后世

孔子说："士志于道。"尚志钧就是以他的人生理想和对待祖国文化遗产的责任鞠躬尽瘁于本草而依托生命的。在他已经出版30余部医药本草专著和发表268篇论文之后，2007年11月，《本草人生——尚志钧本草文献研究文集》——一部长达41万字的学术专著由上海中医药大学出版社出版。

中国中医科学院孟庆云教授在为尚志钧的《本草人生》作序时写道："《本草人生》是他穷其一生精力研究本草文献的总结。但我们在本书中，透过学术还能看到他60多年在本草渊薮中寻步的径迹和人品。他奋发编摩又困知勉行，有逆境中的从容，也有顺境中的淡泊。他既传本草又传本心。治本草文献在当世并非显学，这累人的活计，要求指身为业者广求众籍、穷尽搜罗，有真积力久之功方能辨其名实、引据证验。这是寂寞之道，多是独耕垅亩、亲力亲为。尚公正是这样荒江独钓的野老，他不作凿空之论，不搞学术拼盘，更不屑包装。但是偏偏天赐机遇，使他不期然而然。他丰厚的著作让药学史的目录又添新裁，他名高而身不知。阅读他的著作，让我辈‘更觉良工用心苦’。说也有趣：他的相貌也颇似濒湖——晬然貌，癯然身。这难道是造化天成！尚公推重过程，但是就是在探宝的历程中他自己也成为国之重宝。人生至此庶几无憾矣。作为后学我能先睹尚公佳作，深感幸甚之至。在他近90岁高龄出版此书，除表达我的祝嘏之敬外，还希望老人家把他毕生积累的7200张学术卡片也作一文集出版，以此嘉惠医林，沾溉后学，这是我在序书之际突发的企盼。”

古人说，暮年而学，如同秉烛夜游，尚志钧家依然彻夜通明的灯光，既见证了这位耄耋老人“活到老、学到老”的执著精神，也为后人探究学问照亮了前进的道路。

安徽省中医药管理局局长董明培说，淡泊明志、宁静致远是对尚志钧一生的真实写照，这样的人在当今社会里是很难得的。

尚志钧年事已高，整理他的学术思想和成果刻不容缓。恰在此时，安徽省中医文献所著名老中医药专家任何研究员领衔，成立了“尚志钧本草文献研究学术成就与经验课题研究组”，作为第一批名医名案整理与研究项目，向安徽省卫生厅申报了研究课题并获立项资助。项目开始前后，课题组成员曾先后四次前往尚志钧住处汇报工作，得到尚志钧热情支持和肯定，两年后，结题成果顺利呈现在人们眼前。

继以上科研立项后，安徽省中医文献所又承担了一项更大的科研立项——“尚志钧本草文献研究的学术成就与经验数据库系统研究”。当尚志钧知道此项工程的牵头人是和自己通力合作过的校注金陵版《本草纲目》的任何研究员时，脸上露出了欣慰的笑容。

当2008年8月30日召开立项开题会时，尚志钧已重病住院在床，不能前往参会，会上发言稿由尚志钧口述，其小女尚元藕执笔：“建立尚志钧本草文献研究的学术成就与经验数据库系统研究，把我研究的东西输入电脑，给他人研究带来方便，是一件很好的事情。这个工程很大，任何主任辛苦了，谢谢项目组的领导、专家、老师们！”

2008年11月14日，任何研究员主持“尚志钧本草文献研究的学术成就与经验数据库系统研究”课题专题讲座，此时离尚志钧去世不足40天，尚志钧的女儿尚元藕也参加了讲座。中国中医科学院医史文献研究所所长柳长华教授对该项目给予了高度评价：

“尚老最大的贡献是本草文献学术，他是传人，更是一种精神，要把这种精神代代相传，要把尚老的文献学术逐步保护，应将项目组升级为国家课题，可申报非物质文化遗产。”

2008 年 1 月，尚志钧身体每况愈下，食欲不振，两下肢浮肿，常常摔跌。家里人把他送进医院治疗，未等病情好转，他就吵着出院回家看书。由于没有进行很好的治疗和休息，半年后，他的病情加重，最终卧床不起，再次被送往医院，他再也没能回到家里、回到他耕耘了一生的书斋里。

10 月 9 日，芜湖秋意浓浓，窗外细雨纷纷。这是一个让人精神压抑的日子，也是让中国本草文献学界痛心的日子。一条条短信，让许多人的手颤抖不已，“尚老辞世……”尚志钧教授带着未了的心愿走了。

尚志钧逝世后的第 3 天，2008 年 10 月 13 日，其子女尚元胜、尚元利、尚元路、尚元藕、谢兆洪给医院写了一封感谢信，信中说：

“家父尚志钧 2008 年 7 月 17 日，因高血压、冠心病、低蛋白血症，入心内科十病区接受救治，终因年事已高，多脏器衰竭，于 2008 年 10 月 9 日 6 时 30 分去世，享年 90 岁。

家父在重病住院的日子里，弋矶山医院领导高度重视，成立了‘尚志钧救治专家小组’，芮景院长及领导班子成员亲临家父病榻探望，安排 24 小时特别护理，多次组织院内外会诊，积极挽救家父的生命……

根据家父生前嘱咐：‘长期以来，在我研究本草文献的工作中，得到医院领导的大力支持，为我申请费用资助出书，深表感谢；对前来看我的朋友、同仁，以及为我救治、检查、会诊的专家、老师一一表示感谢，特别是向我的床位主任医师曹蘅教授带领的主治医师以及全体医护人员表示感谢。世上本无应该之事，你们一定要讲到……’”

同样也是尚志钧逝世后的第3天，照顾他3个月的弋矶山医院心内科全体医护人员饱含深情地给他家人致信一封，为我们描述了他最后的日子，信中说：

“尚老先生来到心血管科住院，是家属、医院和他老人家本人对我们的信任，同时也是我们应尽的责任。在近3个月的时间里，我们朝夕相处，共同与疾病进行了不懈的斗争，彼此也建立起了如同亲人般深厚的感情。先生的淡泊名利、朴实无华、顽强倔强、一生执著研究医学事业的精神和人格魅力，无时无刻不在感动和教育着我们。

多想尽全力再多挽留一程这个精彩绝伦的生命啊，这是我们所有人共同的心愿！尽管90高龄已很少有人能够逾越，尽管生老病死乃自然界无法改变的规律，已然曾一次次闯过致命的难关，可他老人家最终还是走了……

尚老走了，所有的医生和护士每天都还是

不由自主地走到抢救室的门口，还是习惯地站在护办室里随时向对面的小房间张望，每个人的心里都空空地难受。实在是难忘老先生睿智的目光，难忘老先生幽默的话语，难忘老先生坚强的性格，难忘老先生还要出版新书的承诺，也难忘老先生有时如孩童般的天真和固执，这一切的一切都已成为了永久的纪念和美好的回忆……

应该感谢家属的信任、理解和积极配合，感谢各兄弟科室的无私援助，感谢医务处、护理部及各级领导的支持。愿我们所有的努力曾经给予老先生一点点温暖和帮助，愿每个从医的人都能由中得到一份心灵的慰藉……”

尚志钧逝世后的第 3 个月，2009 年 1 月，他的《嘉祐本草辑复本》在中医古籍出版社出版。

2010 年 1 月，尚志钧的《中国矿物药集纂》在上海中医药大学出版社出版。小女儿尚元藕在后记中补记说："在整理家父遗稿时，发现一札资料袋内装有他的研究思考题，封面上有一句是他自勉的话语，令人刻骨铭心：'把工作放在日后做是空的，一日不死，工作不止。'父亲的本草人生，其执著于本草文献的研究和人格魅力无时无刻不感动着儿女之心，唯愿此书的出版作为对父亲的永久怀念。"

2010 年 7 月，尚志钧著的《本草人生——尚志钧本草论文集》在中国中医药出版社出版。这本书汇集了尚志钧生前发表的论文 251 篇。分上、中、下三部，上部为医籍探源，中部乃药物考释，下部系医药漫话。中国中医科学院首届学术委员会委员、中华中医药学会医史文献分会名誉主任委员余瀛鳌为该书作序。

这部著作凝聚了尚志钧一生的心血，对于此书的出版尚志钧生前给予厚望，曾多次联系中国中医药出版社。2007 年 5 月 28 日，尚志钧接到时任中国中医药出版社副社长、副总编辑张年顺研究员的来信。信中说："经研究我们愿意出版您的文集，想将您已发表的268篇论文，不以发表时间先后为序，而以专题为纲，论文为目，出一本颇有学术价值的论文集。"

半年后，尚志钧因身体逐渐消瘦，双下肢浮肿，经常摔倒，至2008年1月住院治疗后，联系出版的事宜由其女尚元藕接管。

尚元藕曾给中国中医药出版社编辑写了两封信。

在2008年11月27日第一封信中写道：

"父亲所在医院很关心、支持他研究本草文献工作，特别是一把手芮景院长，曾经几次到省卫生厅中医管理局申请经费为父亲出书。只因父亲不在研究机构，不能申请到更多的经费。

父亲一生勤俭，生活再困难也要买书、出书。他也知道：他所研究的这些古本草，读者面很狭窄，书出版少了你们要亏本；书出版多了又卖不掉。但为了传承本草学，让后人研究之少走弯路，父亲始终不渝地在这条路上艰难地行走着，直到生命的尽头。特别是在他病危时，他要求我：‘想办法把没有出版的书出版，出版时可以不计较稿费（可以不要稿费），再不行，花点钱购书……’

去年底、今年初，医院给父亲拟办 90 岁寿辰，做了一本画册，画册设计已初见成效，后因父亲病重住院，此事就耽搁下来。

我想，借这次贵社给他出版本草论文集的机会，选一些画页能否插进书内一同出版，谓：《本草人生——尚志钧本草文献研究文集》和《本草人生——尚志钧本草论文集》，以兄弟篇形式问世。这样以给父亲在长达 60 年研究本草文献的道路上画上一个圆满的句号……”

2009 年 2 月 2 日第二封信中写道：

“感谢您为家父遗稿出版费心了；感谢您对家父的治学精神给予关注、宣传。其实，家父生前没有太多的声像资料，他认为自己是旧社会过来的，家庭出身又不好，再加上自1966年起的10年间，给他的冲击影响很大，他做事小心谨慎，不善于和他人交往。在我的印象中，他是个书呆子。他一生除了看书、写书、想出书外，没有什么嗜好，空余时间看看新闻、听听音乐，特别是爱看越剧‘红楼梦’和黄梅戏‘天仙配’，听音乐喜欢听广东音乐和江南丝竹乐。新华社安徽分社记者宣奉华曾经采访他，问是什么精神鼓舞着他钩沉辑复数十种本草的，他只平淡地回答：‘是爱好吧，就像嗜好抽烟喝酒一样。’他的一生是为本草而生，也是为本草而亡……”

尚志钧走了，留下了60余年来公开出版、发表的33部著作和近300篇论文；留下了大量本草人物、本草专著、单味本草手稿及卡片资料7000余张；留下了大量本草文献资料……

尚志钧走了，他一辈子淡泊名利，潜心学术，风雨晨昏，心无旁骛。他的精神不仅感动了很多他身边的人，也影响着中医药学术界的老中青三代学人。尚志钧把自己这棵小草奉献给了中医百草，用60年的心血创造了生命的永恒。只要百草有灵，他就永远活在其中。

尚志钧给我们留下的财富和启示是丰富的，其价值大大超越了本草研究的自身价值。他昭示着一个知识分子的责任与使命，他见证着勤奋、执著是一切事业成功的基石。他用另外一种方式——他的学术研究，述说着他对祖国的中医药文化、对人民、对事业的爱，他在用毕生的精力，为自己作一篇无言的自传，他在用自己著述等身的作品，为自己立一座不显赫、不张扬的“本草人生”碑。

长江水无语东流，弋矶山清风依旧。

愿中医学事业，愿尚志钧的学业，代有传人，如春草生生不已。以一首诗《寸草见丹心》礼赞尚志钧的一生：

神农尝百草，药食同源长。

钩稽三代事，如寻坠绪茫。
世传多药典，汗牛充栋梁。
物久易其性，悬壶各有方。
鱼龙杂相处，珠玉沉泥浆。
何人来梳理，刮垢并磨光。
十年磨一剑，百世论文章。
呕心沥血苦，披沙拣金忙。
寂寞身前事，遗著布流光。
斯人虽已去，志钧名姓尚。

（撰稿人　陈　锦　尚元藕）

《中华中医昆仑》丛书150位医家名录

（按生年排序）

张锡纯	丁甘仁	萧龙友	王朴诚	恽铁樵
曹炳章	冉雪峰	谢　观	施今墨	汪逢春
孔伯华	黄竹斋	吴佩衡	蒲辅周	陈邦贤
李翰卿	李斯炽	姚国美	陆渊雷	张泽生
时逸人	张梦侬	叶橘泉	王聘贤	陈慎吾
邹云翔	赵炳南	承淡安	余无言	刘惠民
岳美中	沈仲圭	秦伯未	赵锡武	韦文贵
程门雪	黄文东	赵心波	董廷瑶	吴考槃
章次公	石筱山	陆南山	张赞臣	李聪甫
刘绍武	陈存仁	朱仁康	陆瘦燕	姜春华
韩百灵	高仲山	李克绍	王鹏飞	刘春圃
金寿山	哈荔田	何世英	周凤梧	干祖望
关幼波	王为兰	任应秋	罗元恺	祝谌予
杨医亚	郭士魁	何时希	耿鉴庭	俞慎初

裘沛然	顾伯华	江育仁	邓铁涛	门纯德
刘渡舟	尚天裕	朱良春	李玉奇	程士德
尚志钧	赵绍琴	董建华	米伯让	李辅仁
张珍玉	班秀文	颜正华	于己百	颜德馨
路志正	方药中	王乐匋	黄星垣	谢海洲
余桂清	何　任	王子瑜	程莘农	陈彤云
焦树德	张作舟	张　琪	李寿山	张镜人
王绵之	方和谦	印会河	王玉川	蔡小荪
李振华	马继兴	王嘉麟	宋祚民	刘弼臣
王雪苔	刘志明	吴咸中	李今庸	任继学
裴学义	王宝恩	周霭祥	贺普仁	唐由之
赵冠英	许润三	金世元	陆广莘	刘柏龄
徐景藩	吉良晨	吴定寰	沈自尹	王孝涛
张灿玾	周仲瑛	强巴赤列	张代钊	李经纬
郭维淮	柴松岩	苏荣扎布	陈可冀	李济仁
夏桂成	郭子光	巴黑·玉素甫	张学文	陈介甫